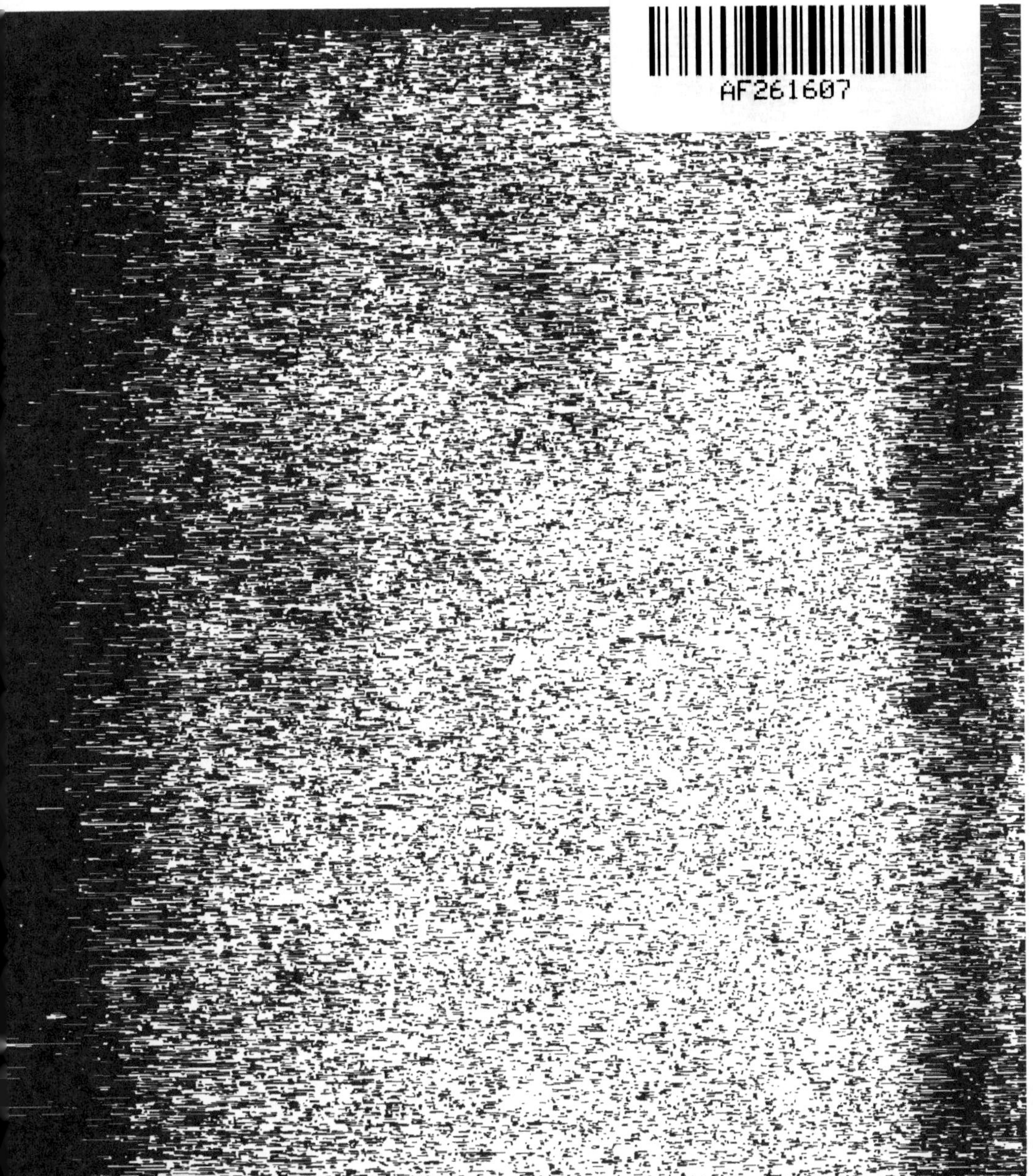

ARMAND-NICOLAS

DEMONGEOT

INGÉNIEUR DES MINES

MAITRE DES REQUÊTES AU CONSEIL D'ÉTAT

NOTICES NÉCROLOGIQUES

PARIS

IMPRIMERIE DE J. CLAYE

RUE SAINT-BENOIT

1875

ARMAND-NICOLAS

DEMONGEOT

J. Claye, imprimeur
R. S. Benoit, 7, à Paris

ARMAND-NICOLAS

DEMONGEOT

INGÉNIEUR DES MINES

MAÎTRE DES REQUÊTES AU CONSEIL D'ÉTAT

NOTICES NÉCROLOGIQUES

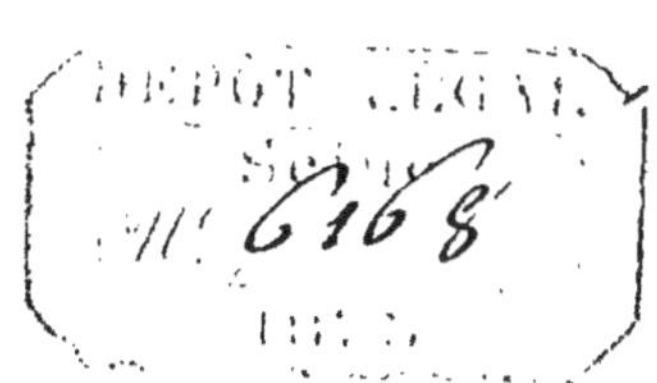

PARIS

IMPRIMERIE DE J. CLAYE

RUE SAINT-BENOIT

1875

N sauvant de l'oubli tout ce qui nous rappelle une personne chère que nous avons perdue, nous aimons à entretenir en nous-mêmes des pensées qui, malgré leur tristesse, sont douces et salutaires à notre âme. Cela est surtout vrai quand celui que nous pleurons a laissé le souvenir d'un caractère sans tache et des vertus les plus hautes et les plus nobles.

Tel était Armand-Nicolas Demongeot.

Doué, à un degré rare, des dons de l'intelligence, il avait développé ses brillantes facultés par un travail infatigable. La force intérieure qui le soutenait et le rendait capable des plus grands efforts consistait dans une soumission religieuse de ses pensées et de sa vie entière aux principes de la vérité et de la justice. Il avait appris cette soumission, dès sa plus tendre enfance, par les enseignements qu'il avait reçus de sa famille; plus tard, l'étude des sciences exactes, en même temps qu'elle le préparait à tout apprendre et à s'assimiler aisément les connaissances les plus diverses, acheva de fortifier en lui, par la vue des lois immuables de la nature, la persévérance dans les desseins et le sentiment ferme du devoir.

Chez lui, le caractère était à la hauteur de l'intelligence. Il n'était pas homme à se plier complaisamment aux circonstances; à ses yeux, l'ambition n'était légitime que lorsqu'elle s'appuyait sur la justice et le mérite personnel.

Les témoignages qui suivent montrent en quelle estime Armand Demongeot était tenu par ses amis et ses compatriotes. Nous avons voulu les conserver pieusement, dans l'espoir non-seulement que ses enfants apprendront ainsi à connaître tout le prix de l'héritage d'honneur que leur a laissé leur père et à s'en rendre dignes, mais aussi que les nombreux amis qui trouvaient un si grand charme dans son intimité pourront proposer son exemple à l'imitation de la jeunesse.

I. H. B.

ARMAND DEMONGEOT

ous les journaux ont annoncé la mort soudaine de **M.** Armand Demongeot et lui ont consacré quelques lignes de notice nécrologique. Voici en quels termes s'est exprimé *le Temps* dans son numéro du 7 mars 1875 :

M. A. Demongeot, maître des requêtes au Conseil d'État, vient de succomber à une courte et douloureuse maladie.

Il avait perdu, il y a quelques jours, un jeune enfant qu'il adorait, et la profonde douleur qu'il a ressentie l'a rendu sans force contre les atteintes du mal.

M. Demongeot avait à peine trente-trois ans. Ingénieur des mines, attaché à la section des travaux publics du Conseil d'État, il avait conquis l'estime et l'amitié de tous par les brillantes qualités de son esprit, par la droiture et l'aménité de son caractère. Il était toujours resté fidèle à ses convictions républicaines et libérales, et il savait au besoin les défendre avec une chaleur de sentiment et un charme d'élocution qui lui valaient autant de sympathies dans les rangs de ses contradicteurs que dans ceux de ses amis.

Les obsèques auront lieu dimanche 7 mars, à 11 heures très-précises.

On se réunira à la maison mortuaire, 73, boulevard Haussmann.

Les obsèques de **M. A.** Demongeot ont eu lieu le dimanche 7 mars 1875. Au cimetière du Père-Lachaise, les discours suivants ont été prononcés avant que le pasteur fît entendre les dernières prières.

M. Aucoc, président de la section des travaux publics, de l'agriculture, du commerce et des affaires étrangères, au Conseil d'État, s'est exprimé ainsi :

Je suis sûr de répondre au sentiment du Conseil d'État en déposant sur cette tombe l'expression des regrets que lui inspire la mort si prompte, si prématurée de notre jeune collègue.

Il y a peu de jours, Demongeot était frappé d'un coup bien cruel : l'aîné de ses enfants lui était enlevé. Vous lui aviez apporté des témoignages de sympathie qui avaient tempéré l'amertume de sa douleur. Il m'écrivait à cette occasion : « J'ai senti que le Conseil d'État est une famille à laquelle il est doux d'appartenir. » Hélas! il ne nous appartient plus et n'aura fait parmi nous qu'une brillante apparition. Il ne nous aura donné de grandes espérances que pour nous laisser de plus vifs regrets.

Je ne l'ai connu qu'il y a quatre ans, lorsqu'il arriva, en qualité d'auditeur, à la commission provisoire chargée de remplacer le Conseil d'État. Il se fit remarquer immédiatement au milieu de ces jeunes gens d'élite.

Après être sorti le premier de l'École polytechnique et être arrivé à la position d'ingénieur des mines, il avait momentanément quitté cette carrière pour entrer dans celle du barreau. Unissant les connaissances scientifiques de l'ingénieur aux connaissances juridiques de l'avocat, il abordait, avec une préparation tout exceptionnelle, les études administratives. Doué d'une grande facilité de parole, s'attachant avec ardeur à approfondir toutes les questions qu'il avait à traiter, il donnait à ses travaux un relief qui captivait l'attention.

Aussi, lors de la réorganisation du Conseil d'État, fut-il nommé maître des requêtes. Le Conseil d'État se souvient encore du premier rapport qu'il fit devant l'assemblée générale. Son talent nous frappa tous vivement. On se félicitait d'avoir un pareil collaborateur.

Préoccupé de mériter toujours nos suffrages, de fortifier notre sympathie, il travaillait sans relâche à étendre ses connaissances. Tout en déployant le plus grand zèle dans l'accomplissement de ses devoirs au Conseil d'État, il avait entrepris avec succès de faire, à l'École libre des sciences politiques, un cours de droit administratif. Il collaborait activement aux travaux de la Société de législation comparée. Il était encore membre de l'Association française pour le progrès des sciences.

Mais que sert d'insister sur les mérites exceptionnels de notre jeune collègue, sur les services qu'il nous rendait, sur ceux que nous pouvions espérer de lui quand ses qualités seraient arrivées à se développer complétement?

De la brillante carrière que promettaient ses débuts, il ne reste plus qu'un souvenir, il ne reste qu'une nouvelle preuve de la fragilité des joies et des succès de ce monde.

Hélas! ce n'est que trop vrai et je sens bien qu'au bord de cette tombe, les pensées qui se rattachent à l'éternité ont seules quelque valeur.

Mais nous devions cet hommage à sa mémoire. Ses enfants, qui l'auront à peine connu, pourront retrouver un jour le témoignage de l'estime que leur père, bien jeune encore, avait su déjà mériter. Sa compagne désolée saura que le Conseil d'État, l'École libre des sciences politiques et la Société de législation comparée sont très-sensibles à la perte cruelle qu'ils viennent de faire et s'associent, avec une sympathie d'autant plus vive, à sa profonde douleur.

M. Alfred DURAND-CLAYE, ingénieur des ponts et chaussées, a pris ensuite la parole en ces termes :

Messieurs, avant que la tombe de notre cher Demongeot soit fermée à tout jamais, permettez-moi de lui dire un dernier adieu, au nom de ses amis et camarades de l'École polytechnique. Il était le premier de notre promotion ; nous nous le rappelons arrivant déjà à l'École dans un excellent rang, puis prenant bien vite la tête ; toutes les branches multiples de l'enseignement de l'École, il les embrassait avec la même facilité, avec le même succès, joignant d'ailleurs à de hautes facultés mathématiques une excellente éducation littéraire. Dès cette époque, il avait une facilité d'élocution et une maturité d'esprit étonnantes chez un jeune homme de vingt ans ; ses camarades en étaient surpris et charmés ; nous étions tous fiers de notre cher major.

Sorti de l'École polytechnique, il savait, par un travail assidu et méthodique, aidé d'une intelligence supérieure, mener de front la double carrière d'ingénieur des mines et d'avocat. Après avoir été quelque temps chargé d'un service en province, il revint à Paris et fut élu l'un des secrétaires de la conférence des avocats. C'est alors, en 1869, qu'il prit la jeune et charmante compagne qui pleure à la fois aujourd'hui son mari et son enfant. C'est alors aussi qu'il manifesta courageusement cet esprit libéral et élevé qui ne l'a pas quitté un instant durant sa trop courte carrière. La guerre arrive et avec elle le siége de Paris, où les questions d'approvisionnement prennent une terrible importance; il devient le collaborateur zélé du ministre du commerce, ancien ami de sa famille; il court aux magasins, il travaille dans les bureaux, toujours avec son admirable netteté d'esprit. La commission provisoire chargée de remplacer le Conseil d'État impérial se forme; sa place y était marquée; il mène de front ses nouvelles fonctions d'auditeur avec son travail des approvisionnements. En 1872, le Conseil d'État est reconstitué; Demongeot y devient maître des requêtes, aux applaudissements de ses chefs et de ses collègues.

Tout semble alors sourire à notre excellent ami; une compagne adorée, trois enfants, des amis qui lui étaient dévoués du fond du cœur..., nous en répondons! Vous venez d'entendre en quelle estime il était tenu au Conseil d'État. A la Société de législation comparée, à l'École des sciences politiques, un succès toujours croissant et qui ne ralentissait jamais son ardeur au travail. Chacun de ses succès semblait lui imposer une nouvelle tâche, qu'il remplissait toujours avec le même bonheur.

Messieurs, vous. savez tous le drame navrant qui nous réunit autour de cette tombe : une pauvre enfant enlevée en quatre jours, sous les yeux, dans les bras de notre ami; lui, ne la quittant pas, se penchant sur sa couche, recueillant son dernier souffle et contractant du même coup le mal terrible; terrassé en quelques jours, maître de lui jusqu'à la dernière heure, se voyant mourir sans faiblesse, appelant à son chevet sa chère compagne et s'éteignant, l'intelligence libre, calme, résigné, ayant un mot d'adieu, un souvenir pour chacun...

A ces deux discours il convient de joindre l'expression des regrets que le ministre de la justice a fait entendre, quelques jours plus tard, le 24 mars, en recevant les membres du Conseil d'État. Après avoir parlé de M. Odilon Barrot, qui, au moment de sa mort, était vice-président, M. Dufaure a dit :

M. Odilon Barrot était du moins parvenu à l'extrême vieillesse; mais pourquoi la mort nous a-t-elle ravi ce brillant et sympathique jeune homme qui faisait l'orgueil et comme l'ornement de notre maîtrise, M. Demongeot, dont l'érudition et le talent permettaient de concevoir de si grandes et de si légitimes espérances, et dont la fin prématurée n'a pas seulement laissé un vide dans le sein du Conseil, mais a été considérée comme une véritable perte par tous ceux qui s'intéressent à l'élite de la jeunesse française et se demandent, après tant de malheurs, quel avenir est réservé à notre pays.

M. A. Demongeot était membre de plusieurs sociétés. Il était notamment secrétaire de la Société de législation comparée et vice-président de la conférence Molé.

A la séance générale de la *Société de législation comparée,* du 10 mars, M. Aucoc, président, a prononcé les paroles suivantes :

En ouvrant la séance, je dois faire à la Société une triste communication. L'ordre du jour vous annonçait une étude de M. Demongeot, maître des requêtes au Conseil d'État, l'un de nos secrétaires, sur les progrès de la centralisation en Angleterre. M. Demongeot, à peine âgé de trente-trois ans, vient de nous être enlevé par une cruelle maladie dont il a été atteint au lit de mort de l'aîné de ses enfants.

Le jour de ses funérailles, j'ai rendu hommage à son mérite exceptionnel, et j'ai dit tous les regrets non-seulement du Conseil d'État, mais aussi de la Société de législation comparée.

En ce moment, je préfère laisser la parole à notre excellent secrétaire général, dont M. Demongeot était l'un des collaborateurs les plus zélés et les plus utiles. Il vous dira mieux que moi quels services notre confrère avait rendus à la Société, et combien nous devons déplorer sa perte.

Mais auparavant j'ai à cœur de vous faire connaître que notre éminent président, M. Dufaure, si absorbé qu'il soit par les laborieuses négociations engagées pour la constitution du ministère, a tenu à me faire part de la pénible émotion qu'il a éprouvée en apprenant ce triste événement. Vous me permettrez de vous lire quelques lignes de sa lettre, parce qu'elles honorent la mémoire de notre confrère : « Je veux vous dire combien je partage les regrets que vous inspire cette mort prématurée, cette perte inattendue d'une intelligence si vive, appliquée avec tant de zèle aux nobles études et aux travaux utiles. En me rappelant le profond chagrin dont il avait été atteint lui-même il y a quelques jours, je me figure bien que son cœur de père a été le siége principal de la maladie qui l'a emporté. »

M. Alexandre Ribot, secrétaire général, s'est exprimé ensuite dans les termes suivants :

Après les paroles que vous venez d'entendre, je voudrais garder le silence et vous laisser tout entiers à l'impression que vous avez ressentie ; mais j'ai un devoir particulier à remplir envers la mémoire de notre collègue Demongeot. Vous l'avez tous connu dans nos séances générales ; vous avez tous le souvenir de ces brillantes improvisations où se jouait en quelque sorte la facilité de sa parole vive, élégante, toujours sûre d'elle-même. Vous n'avez pas oublié cet accent inimitable de sincérité et de conviction qui donnait tant de charme et de prix à ses paroles. Vous avez lu et plusieurs d'entre vous reliront, je l'espère, les notices sur la législation des États-Unis qu'il a écrites pour le *Bulletin* ou l'*Annuaire*, véritables modèles de clarté, d'exactitude et de concision.

Mais vous n'avez pas connu Demongeot dans la familiarité et l'intimité du secrétariat de la Société. Vous ne savez pas quels services il nous a rendus ; vous ne devinez pas, tant il avait soin de le cacher lui-même, à quel point il était devenu l'âme de notre Société. C'est en 1871, après la guerre, que nous l'avons vu parmi nous pour la première fois ; son esprit, d'abord appliqué aux sciences exactes, avait commencé à se tourner vers les études de législation.

Après être sorti le premier de l'École polytechnique et avoir été quelque temps ingénieur des mines en province, il était venu à Paris, avait passé ses examens de droit, s'était inscrit au barreau et avait été nommé secrétaire de la conférence des avocats. Un peu plus tard, il fut attaché comme auditeur à la commission provisoire chargée de remplacer le Conseil d'État. Notre Société, dont les séances avaient été interrompues par la guerre, renaissait à la fin de 1871 ; nous sentions tous le devoir de nous remettre au travail et de contribuer, pour notre part, au relèvement du pays. Demongeot vint à nous ; il nous apporta son infatigable activité, son talent de parole déjà remarquable et une autorité morale qui commençait à être reconnue par ses contemporains. Le Conseil de direction fut heureux de le choisir, en février 1872, comme secrétaire de la Société.

Avec quel zèle, quel dévouement il s'acquitta de ses fonctions, ceux-là seuls peuvent le dire qui l'ont vu à l'œuvre. Aucune tâche n'était pour lui trop ingrate ou trop obscure. Quoiqu'il fût chargé de travaux importants pour le Conseil d'État où notre éminent président, M. Dufaure, l'avait nommé maître des requêtes, quoiqu'il eût entrepris de faire un cours à l'École libre des sciences politiques, il était toujours prêt, quand il s'agissait de l'intérêt de la Société. Que de soins n'a-t-il pas dépensés pour la préparation des premiers volumes de notre *Annuaire!* Il apportait à cette besogne, souvent difficile, la même ardeur, la même passion contenue qu'il mettait dans tous ses travaux et dans toutes les actions de sa vie.

Depuis le commencement de cette année, il remplissait presque toutes les fonctions de secrétaire général de notre Société ; il assistait à toutes les réunions des sections, il surveillait seul l'impression du *Bulletin* et amassait les matériaux de notre prochain *Annuaire.* S'il n'avait pas encore le titre de secrétaire général, c'est parce que sa modestie l'avait refusé, et peut-être aussi, — laissez-moi vous le dire, — parce que nous craignions tous deux de voir se relâcher les liens étroits qu'avait créés entre nous une collaboration assidue de plus de trois années.

Durant ces trois années, je m'étais attaché à lui chaque jour plus fortement; j'admirais son intelligence, mais ce que j'aimais surtout en lui, c'était la sincérité de son caractère, la simplicité exquise de ses manières, la solidité de ses affections et cet élan communicatif vers le bien, dont on éprouvait la puissance dès qu'on l'approchait. Il ne se livrait pas volontiers, mais lorsqu'il ouvrait son cœur, on y pénétrait jusqu'au fond; c'était une des natures les plus délicates et les plus généreuses que j'aie connues.

Par une triste coïncidence, son nom figurait à l'ordre du jour de la séance de ce soir; il devait nous

lire une étude sur les progrès récents de la centralisation administrative en Angleterre. Cette étude devait
être comme le résumé des leçons qu'il avait faites,
durant le premier semestre de l'année, à l'École libre
des sciences politiques. Vous savez qu'il était un des
professeurs de l'École depuis 1873; il s'était associé
vivement à une œuvre qu'il jugeait utile et féconde.
Vous avez pu lire dans la dernière livraison de la
Revue de droit français et étranger sa leçon d'ouverture de cette année : il y traçait le programme de
son cours et il avait entrepris d'y définir ce que les
Anglais et les Américains entendent par le mot *self-
government*... Je vous engage à lire ces pages, pleines
de la meilleure érudition et écrites d'un style vigou-
reux; elles vous donneront une idée de ce qu'était
l'enseignement de notre cher collègue. Sera-t-il pos-
sible, à l'aide des notes laissées par lui, d'achever le
travail qu'il nous avait promis? Un des secrétaires
de la Société, qui a été l'ami et l'élève de Demongeot, s'efforcera de rassembler ces notes, de les compléter et de vous les offrir à une des prochaines
séances. Ce sera un dernier hommage rendu à la mémoire de Demongeot.

Mais qu'est-ce que cela en comparaison de ce
qu'il eût pu nous donner, si la mort ne l'avait enlevé
à l'âge où se préparent les grands travaux? Depuis
trois ans, Demongeot avait concentré ses recherches

sur la législation des États-Unis d'Amérique. Même après les admirables livres de Tocqueville et de M. Laboulaye, il reste encore beaucoup à faire pour saisir sur le vif les détails des mœurs politiques et pénétrer dans le mécanisme de l'administration des divers États de l'Union américaine. Demongeot avait le projet de faire aux États-Unis, peut-être en 1876, un grand voyage d'étude; il y était préparé mieux que tout autre par ses connaissances générales et par ses relations de famille. Il eût rapporté les éléments d'un travail qui lui eût valu la réputation et peut-être la célébrité.

Parvenu à la maturité de la vie, quels services n'eût-il pas rendus à notre pays! Il était déjà l'honneur de notre génération; il en était surtout une des plus chères espérances. Les hommes d'un tel talent sont toujours rares, mais combien plus rares encore les hommes d'un tel caractère! Il avait, ce qui manque à la plupart d'entre nous, une confiance invincible dans la puissance de la vérité; il avait horreur du scepticisme et de l'indifférence; il avait l'âme haute et fière et, en toute circonstance, il allait droit devant lui, avec une sorte de dédain naturel des ménagements que commande parfois l'habileté mondaine ou l'intérêt personnel. Quelques personnes ont pu s'étonner de ce qu'avait souvent d'un peu absolu l'expression de ses idées et de ses convictions; mais personne n'en a jamais été blessé, tant on sentait en lui de sincérité et de véritable modestie !

Cette droiture, cette ardeur pour la vérité sont les traits originaux par lesquels sa mémoire vivra parmi nous. Il était de ceux qu'on n'oublie pas, qui s'emparent si fortement de nos cœurs et de nos esprits qu'ils y laissent, en partant, quelque chose d'ineffaçable : je le sens bien à l'émotion que j'éprouve en vous parlant de lui. Il était pour moi plus qu'un collègue, un véritable ami, et jamais je ne me consolerai de l'avoir perdu.

Dans la séance de la conférence Molé du 12 mars, M. le président FERNAND DESPORTES a prononcé l'allocution suivante :

Vous avez été frappés, cette semaine, d'un coup aussi cruel qu'inattendu ; tous vous en avez ressenti l'atteinte, et je ne répondrais pas à votre pensée si je n'exprimais en ce moment, du haut de ce fauteuil, les sentiments que vous éprouvez.

Vous aviez pour M. Demongeot une affection qu'égalait et que complétait votre estime. Hier vous l'appeliez dans votre bureau, et bientôt vous l'auriez appelé à votre tête. Tel, en effet, l'École polytechnique et le corps des mines l'avaient vu parmi leurs élèves et leurs ingénieurs ; tel le barreau, au nombre

des secrétaires de sa conférence; tel la Société des
hautes études, au nombre de ses professeurs; tel
enfin le Conseil d'État, parmi ses membres les plus
actifs, les plus intelligents et les mieux préparés
pour un prochain et brillant avenir; tel, sur un
terrain plus modeste, nous l'avons vu parmi nous.
Il est resté des nôtres pendant cinq ans, et c'est avec
un triste mais légitime orgueil que, songeant à ce
qu'il était, nous pouvons penser que nos travaux,
nos discussions, nos mœurs traditionnelles n'ont pas
été sans exercer sur lui quelque influence utile. Plier
aux études juridiques et politiques un esprit déjà
mûri dans la science, c'est lui faire subir une sorte
de transformation, suite du nouveau régime auquel
on le soumet. Bien peu sont assez déliés et assez forts
pour supporter cette épreuve; si M. Demongeot
l'avait si merveilleusement traversée, ce n'était pas
seulement à lui-même qu'il en fallait reporter le
mérite; c'était aussi à ceux qui, comme vous, messieurs, l'avaient charmé, l'avaient encouragé de leurs
conseils, de leurs exemples, et surtout de leur cordiale
et fraternelle sympathie.

Ainsi s'explique la douleur que vous éprouvez;
en perdant M. Demongeot, vous avez bien réelle-
ment perdu quelque chose de vous-mêmes, quelque
chose de votre esprit, quelque chose de votre cœur...
Il est parti tout d'un coup, comme s'il s'entendait

appeler d'outre-tombe par cette chère petite voix dont il venait de recueillir les derniers accents terrestres ; et, certes, je ne serais pas tenté de le plaindre d'être mort dans la douleur pour ressusciter dans la joie, si, derrière l'enfant qu'il a suivi, je ne voyais ceux qu'il a quittés ! Plaignons donc, messieurs, ceux qui lui survivent. Plaignons-nous, nous qui perdons en lui l'un des meilleurs d'entre nous. Plaignons surtout celle qui fut le bonheur et l'ornement de sa vie. Qu'est notre douleur à côté de la sienne ? Si le témoignage d'une sympathie profonde et d'un respect attendri peut, non pas consoler, mais apaiser son cœur, puisse l'écho de mes paroles aller jusqu'à elle et lui redire vos sentiments dont je me suis efforcé d'être l'interprète !

Un grand nombre de journaux et de revues ont rappelé, dans des articles étendus, les débuts et les phases successives de la brillante carrière de M. Demongeot, et se sont faits les interprètes des regrets universels que sa mort a inspirés. Nous avons recueilli quelques-uns de ces articles.

Extrait du journal *le Droit,* du 7 mars 1875 :

Le Conseil d'État vient de perdre un homme dont la carrière rapide et brillante promettait encore plus pour l'avenir. M. A. Demongeot était un des plus jeunes parmi les maîtres des requêtes, et l'un des plus actifs. Son intelligence ferme et droite s'était d'abord appliquée aux sciences exactes : sorti premier de l'École polytechnique, nommé ingénieur des mines, mais entraîné par un penchant irrésistible vers les hautes études qui se rapportent à la vie sociale, il se consacra avec ardeur à celle des lois, traversa un instant le barreau, puis au moment de la guerre, trouva l'emploi de son activité infatigable dans la commission provisoire qui remplaçait le Conseil d'État. Quand ce corps fut reconstitué, M. Demongeot, au lieu de parcourir les degrés inférieurs, fut élevé d'emblée à la dignité de maître des requêtes à un âge où bien des hommes commencent leur apprentissage.

Avec quel zèle et quelle maturité d'esprit il s'acquittait de ses fonctions, ses collègues peuvent le dire. Ils rendront aussi un hommage légitime à la hauteur de son caractère. Républicain et protestant, M. Demongeot soutint, à l'occasion, ses convictions politiques et religieuses, dans un corps où les opinions contraires sont largement représentées ; il le fit en mainte occasion sans froisser personne, grâce à la rare impartialité de son esprit ; sa logique serrée ne prit jamais le caractère de la polémique ; sa franchise et sa droiture ne laissaient point de doute sur ses intentions.

Ces qualités, M. Demongeot les déploya en de-
hors du Conseil d'État qui ne suffisait pas à remplir
son activité. Les élèves de l'École des sciences politiques garderont le souvenir de cette parole incisive
et nette, qui groupait sans effort les documents épars
du droit administratif, et passait avec aisance du détail
précis aux idées les plus générales que puisse développer un publiciste. C'est surtout à la Société de
législation comparée que M. Demongeot se distin-
gua par son ardeur au travail et par la large
compréhension de son intelligence : disciple, et
peut-être un jour continuateur de Tocqueville, personne n'avait des vues plus claires sur l'Amérique,
et n'appuyait son jugement sur une érudition plus
profonde.

Cette érudition, incessamment nourrie de tous les
documents législatifs, mûrie et dirigée par une mé-
thode supérieure, pleine d'aperçus, elle nous restera,
sous la forme de notices nombreuses, comme un mo-
dèle à suivre pour l'avancement des sciences politiques. Ainsi, ce n'est pas seulement l'homme d'action,
c'est le savant dont nous déplorons la perte. Frappé
la semaine dernière dans ses plus chères affections,
M. Demongeot s'était relevé, et lundi il reprenait son
cours avec cette ardeur froide de l'homme de travail
qui ne montre pas ses blessures. D'autres que ses amis
l'auraient cru insensible. Trois jours après, il suc-

combait au mal qu'il avait contracté en soignant son
enfant.

RENÉ MILLET.

Extrait d'une lettre adressée au *Journal des Économistes*
par M. Georges Renaud :

Vous avez appris sans doute la mort de mon
excellent ami Armand Demongeot, maître des requêtes au Conseil d'État, qui vient d'être enlevé si
cruellement et si subitement à l'affection de sa famille
et de ses amis. A trente-trois ans, il avait su conqué-
rir une place d'honneur entre ceux qui ont charge de
l'administration de notre pays. Au Conseil d'État, il
s'était fait remarquer par la précision, la clarté, le
relief de tous ses rapports; il avait su, plus d'une
fois, imposer ses convictions à ses adversaires par la
netteté de sa parole. Il y avait entrepris une cam-
pagne aussi vigoureuse que courageuse, en faveur
des intérêts du Trésor et du pays contre les exigences
léonines des compagnies de chemins de fer. Infatigable, il avait soutenu la même cause avec éclat au
Congrès de l'association française pour l'avancement
des sciences, tenu à Lille en 1874. La part remarquable qu'il avait déjà prise en 1873 aux discussions
du Congrès de Lyon, notamment en ce qui concerne

la législation des mines et la situation de l'instruction primaire, lui a valu l'honneur d'être appelé à la
vice-présidence de la section d'économie politique et
de statistique.

..... Nous venons de faire dans sa personne une
grande perte, non-seulement pour la défense des
idées économiques, mais aussi pour l'avenir de l'administration française, dans les rangs de laquelle il
était appelé à rendre de précieux services. Pendant
les deux années que j'ai eu le bonheur de me trouver associé à ses travaux, j'ai pu apprécier la conscience, le scrupule, la loyauté, l'honnèteté qu'il
apportait dans la discussion et dans la polémique, et
je ne puis m'empêcher de déplorer comme un grand
malheur pour tous cette mort prématurée.

Extrait de la *Revue politique et littéraire,* du 13 mars 1875 :

Un homme qui était destiné à faire le plus grand
honneur à son pays, M. Demongeot, maître des
requêtes au Conseil d'État, vient de s'éteindre pré-
maturément : il n'avait pas trente-trois ans.

Issu d'une vieille famille franc-comtoise, il était
entré en 1861 à l'École polytechnique ; il en sortit
le premier en 1863. Il ne resta pas longtemps ingénieur des mines. Ses dons oratoires extraordinaires,
dont il avait conscience, l'attiraient du côté du bar-

reau. Il acheva rapidement ses études de droit et se fit inscrire avocat à Paris. Presque immédiatement il fut nommé secrétaire de la conférence, honneur qui le désignait comme le premier des jeunes maîtres de sa génération. Quelques succès à la barre lui amenaient déjà les affaires, lorsque la guerre éclata : la révolution du 4 septembre la suivit de près. Lors de la nomination de la commission provisoire destinée à suppléer le Conseil d'État, M. Demongeot accepta les fonctions d'auditeur. En même temps il prêtait au gouvernement, dans l'un des services les plus importants du ministère du commerce, le secours de son infatigable activité et de sa remarquable netteté d'esprit.

Son mérite et son dévouement s'étaient si honorablement montrés dans ces doubles fonctions, que, lors de la réorganisation du Conseil d'État, il fut nommé d'emblée maître des requêtes. Le Conseil se souvient encore de son premier rapport : à propos d'une question de travaux publics, il tint pendant quatre heures l'assemblée générale sous le charme de sa parole et dans l'étonnement de rencontrer une telle compétence et une telle maturité chez un homme si jeune. Un an après, il ouvrait à l'École des sciences politiques, avec un grand éclat, un cours sur l'administration comparée. M. Demongeot connaissait également bien les institutions de l'Angleterre, des

États-Unis, de la Belgique, de l'Italie et de la Prusse ; il les connaissait jusqu'au détail ; il les appelait tour à tour à figurer dans des comparaisons instructives, à côté des institutions de notre pays. Quelques cahiers d'élèves sont tout ce qui reste de cet enseignement incomparable que le professeur faisait le plus souvent sans notes, avec une précision et une aisance étonnantes. A la même époque M. Demongeot s'associait aux travaux de la Société de législation comparée, il publiait sur les États-Unis d'intéressantes notices qui resteront.

A peine tout ce labeur suffisait-il à cette âme ardente ; partout où elle rencontrait un service à rendre, le domaine de la science à agrandir, la cause de la vérité à défendre, elle se donnait sans compter.

Ceux qui ont vu de près M. Demongeot savent que le cœur et le caractère étaient chez lui au niveau de l'intelligence ; il était tout sincérité, loyauté, zèle pour les choses idéales, dévouement à ceux qu'il avait une fois appelés ses amis. La mort n'épargne rien. Frappé il y a quinze jours à peine dans l'objet de ses plus chères affections, il ne lui a survécu que huit jours à peine : il avait respiré sur les lèvres de son enfant adorée le germe fatal qui devait l'emporter à son tour. Les paroles que M. Aucoc a prononcées sur sa tombe ont répondu à l'émotion de toute l'assistance : les larmes coulaient de tous les yeux, tout le monde avait le sentiment que la France venait de perdre un esprit supérieur et l'un de ses meilleurs citoyens.

Extrait du *Moniteur universel,* du 26 mars 1875 :

Bien peu d'esprits ont le don d'aborder avec un succès égal les sciences exactes et les études sociales, et de faire concourir à leur œuvre la double faculté du mathématicien et de l'homme de lettres. Ce fut le privilége du jeune et regrettable maître des requêtes que le Conseil d'État vient de perdre. Armand Demongeot appartenait, par son éducation intellectuelle, à l'École polytechnique, où il avait occupé le premier rang : on peut dire qu'il en personnifiait l'esprit. Aussi les souvenirs de l'École lui étaient chers, et de ses titres le plus précieux, à ses yeux, était celui qui le rattachait à elle : Demongeot ne cessa jamais de faire partie du corps des mines. Mais un attrait irrésistible le portait vers les questions du droit, de l'économie sociale et de l'histoire : c'était l'indice d'une vocation à laquelle il commençait à répondre lorsqu'arriva la période de nos revers.

Il accepta en homme de cœur les devoirs nouveaux qu'imposait le malheur public; et quand vint le moment de rétablir une administration avec les débris de la société bouleversée, il mit au service de notre réorganisation ses connaissances multiples qui devinrent une ressource en un tel moment. Il fit partie de la commission provisoire remplaçant le Conseil d'État; puis, lors de la reconstitution du corps, il y entra d'emblée en qualité de maître des requêtes. Je n'ai point à apprécier les services qu'il rendit à ce titre : ils ont été jugés avec une autorité décisive en face de sa tombe; le principe qui l'a guidé peut, d'ailleurs, se résumer en un mot : Demongeot ne fut le partisan ni l'adversaire de personne; et c'est ainsi qu'il sut conserver l'entière indépendance de sa conduite, se conciliant à la fois l'estime et la sympathie de ceux même dont il combattait les doctrines.

A trente et un ans, Demongeot avait acquis cette situation si digne et si respectée, et l'avenir qui s'ouvrait devant lui semblait fait pour contenter l'ambition la plus légitime : ses aspirations étaient plus désintéressées et plus hautes. Ce qu'il voulait avant tout, en se mêlant aux affaires, c'était acquérir sur la marche de l'organisme administratif une idée nette, en saisir les imperfections et les mérites, en deviner le progrès, et se préparer ainsi aux travaux d'histoire sociale qui furent la constante préoccupation de sa vie. Il y avait chez Demongeot quelque chose de l'esprit d'Alexis de Tocqueville : il possédait le tour d'imagination fin, la vue ferme et sûre des faits, le don des nuances, et surtout cette faculté si rare de suivre dans leurs lointains effets les influences les plus insaisissables.

Lui aussi se donna à l'étude de la vie politique du nouveau monde : et sans nul doute l'histoire de la démocratie américaine eût trouvé en lui un continuateur digne de l'homme illustre qui avait ouvert la voie. Placé par ses relations de famille à portée de connaître les détails de l'organisation et des mœurs aux États-Unis, il en poursuivit l'analyse avec une activité infatigable : les notices qu'il a laissées parm les travaux de la Société de législation comparée témoignent autant de la profondeur de ses recherches que de la sûreté de sa critique. Ce ne sont, hélas! que des esquisses, à peine les ébauches de quelques chapitres isolés du grand ouvrage qu'il préparait : le reste n'existe plus que dans le souvenir et le regret des amis qui furent les confidents de sa pensée ou les compagnons de ses travaux.

Indépendamment de ses études personnelles et des devoirs de sa charge, Demongeot avait accepté une participation à l'enseignement de l'École libre des sciences politiques. Ses auditeurs garderont l'impression des conférences d'une originalité si forte, où l'ampleur des vues était rehaussée d'un charme de diction incomparable : on ne pouvait l'entendre sans être frappé à la fois de la nouveauté des aperçus et de l'exquise pureté de la forme, de cette distinction parfaite du langage qui n'appartient qu'aux esprits d'élite et de cette précision vigoureuse que la pratique des sciences peut seule donner au style.

Ici encore les lois étrangères venaient éclairer par des rapprochements aussi lumineux qu'imprévus la théorie de l'administration française; jamais Demongeot ne s'est astreint dans ses leçons au cadre étroit d'une législation unique : grouper les idées et les généraliser, voilà la tendance dominante, la vraie supériorité de son esprit; et telle était sa puissance de synthèse, qu'aucun détail de législation n'apparaissait comme un fait isolé du point de vue élevé d'où il dominait l'ensemble. Sera-t-il donné à ses amis de faire revivre par une édition posthume quelques-unes de ces brillantes improvisations? Nous l'espérons, et c'est par là surtout que le public saisira la portée de cette belle intelligence; mais ce que ses amis seuls pourront apprécier, c'est la droiture du caractère, le dévouement affectueux, enfin une force morale supérieure aux plus rudes, aux plus accablantes épreuves.

Cette organisation si ferme s'est brisée sans fléchir : la perte d'une fille qu'il adorait porta à Demongeot le coup mortel; il paraissait résigné et reprenait courageusement ses travaux. Huit jours seulement s'écoulèrent dans cette lutte contre la douleur, et les

atteintes d'une maladie contractée en soignant son
enfant l'emportèrent à son tour. Demongeot avait à
peine trente-trois ans. Si l'on juge par ses brillants
débuts de la carrière qu'il devait fournir, on sentira
toute l'étendue de la perte. Nous avons besoin
d'hommes : souhaitons que de semblables caractères
viennent remplacer celui qui nous échappe.

A. CHOISY.

Extrait des *Annales des Mines* (avril 1875).

M. E. LAMÉ-FLEURY, ingénieur en chef des mines,
ancien conseiller d'État, dont M. Demongeot avait été
l'élève à l'École des Mines, après avoir reproduit les discours prononcés par MM. Aucoc et Durand-Claye, et les
paroles de M. Dufaure, s'est exprimé ainsi :

. . . . . . Il n'est évidemment rien permis d'ajouter
au sujet des qualités remarquables qui étaient l'apa-
nage de notre jeune camarade, et qui convenaient
si particulièrement à la carrière où sa destinée l'avait
finalement porté. Mais il est une réflexion qu'ont
dû faire tous ceux qui connaissaient M. Demongeot;
c'est que, depuis les bancs de l'École polytechnique,
on le suivait sans pouvoir saisir la moindre défail-
lance dans l'élan de sa fortune, ce qui affecte encore
plus péniblement dans la mort prématurée de ce
jeune homme. Non-seulement il était heureusement
doué, mais encore il était essentiellement heureux,

par suite de la sympathie qu'il inspirait à tous ceux qu'il approchait.

Ainsi, lors de l'élection des auditeurs de cette commission provisoire, où commença à se manifester avec éclat son aptitude aux affaires administratives, sa candidature fut à l'envi indiquée de divers côtés. Lors de la réorganisation du Conseil d'État, la limite d'âge légale, qui aurait pu être fatale à M. Demongeot, lui avait, au contraire, été extrèmement favorable : il ne pouvait plus être admis aux épreuves du concours pour l'auditorat de première classe, par suite de quelques mois de trop ; mais le président de sa section, l'ayant remarqué et apprécié, tenait beaucoup à le conserver au Conseil d'État, et le désignait à la présentation du garde des sceaux, sur le rapport duquel il fut nommé maître des requêtes. On vient de voir combien M. Dufaure et M. Aucoc s'étaient félicités du choix de leur jeune collaborateur.

Extrait de la *Revue de Législation ancienne et moderne, française et étrangère* (mars-avril 1875) :

M. A. Demongeot, maître des requêtes au Conseil d'État, a succombé à un mal cruel et imprévu, dans les premiers jours du mois de mars. Sa mort est venue l'atteindre en pleine jeunesse — il avait trente-trois ans à peine — et au moment où il prenait de plus en plus possession de son talent. Nos lecteurs se souviennent de l'article sur *la Centralisation et le Self-Government,* que nous avons publié dans la dernière livraison de la *Revue,* et qui se trouve être aujourd'hui, hélas! son testament littéraire.

M. Demongeot était une nature d'élite, et un esprit d'une singulière vigueur. Nous voudrions pouvoir reproduire en leur entier les paroles que M. A. Ribot a consacrées à sa mémoire, dans la dernière séance de la Société de législation comparée, dont M. Demongeot était l'un des secrétaires depuis 1871. Qu'il nous soit permis du moins d'en rappeler les passages suivants, qui font si bien connaître le caractère de l'homme et les étapes de sa carrière. . .

Après avoir reproduit ces passages, l'auteur de l'article ajoute :

Devant tant de fermeté et de droiture, l'éloge même s'arrête, il n'y a place que pour des regrets.

JULES FLACH.

Extrait du *Courrier Franc-Comtois,* du 17 mars 1875 :

La Franche-Comté vient de perdre un de ses enfants les plus distingués, Armand Demongeot, ingénieur des mines, sorti le premier de l'École polytechnique, maître des requêtes au Conseil d'État, professeur à l'École des sciences politiques, secrétaire de la Société de législation comparée. Il est mort à trente-trois ans, d'une maladie qu'il avait gagnée au chevet de sa fille, morte elle-même du croup, il y a quinze jours.

La nature de ses travaux et la brièveté de sa vie n'ont pas permis à son nom d'acquérir la notoriété subite et quelquefois facile qui est le prix des débuts éclatants dans les arts ou dans les lettres ; mais à voir, au jour de ses funérailles, se presser à sa porte tout ce que le barreau, le monde politique et administratif compte de plus éminent, à considérer l'attitude consternée de ceux qui lui ont fait cortége jusqu'à sa dernière demeure, on sentait aisément en quelle estime particulière il était tenu. Pour qui a connu Demongeot, pour qui l'a suivi pendant les dix années qui viennent de s'écouler, l'explosion de douleur qui a accueilli la nouvelle de sa mort ne s'explique pas seulement par ce sentiment de compassion plus vive qu'inspire une fin prématurée, jamais regrets ne furent mieux justifiés, jamais plus séduisantes promesses ne furent plus tristement déçues. Aussi ai-je voulu, en donnant les principaux traits de cette nature d'élite, tout à la fois rendre un dernier et pieux hommage à la mémoire d'un compatriote qui me fut cher, et contribuer à faire connaître toute l'étendue de la perte que vient de faire notre pays. . .

Ce qu'il est surtout intéressant de faire remarquer sur lui, c'est la parfaite harmonie des aptitudes les plus variées. Il était, en effet, arrivé à concilier de la façon la plus heureuse trois genres d'esprit qui ne s'approprient pas toujours également au tempérament français et surtout au tempérament franc-comtois : l'esprit scientifique, l'esprit littéraire et l'esprit juridique. Ses fortes études de l'École polytechnique n'avaient fait que donner à son style plus de vigueur et de netteté; au reste, ennemi de l'emphase, comme il convient à un mathématicien, plus désireux d'être bien compris que d'être admiré, il semblait avoir pris pour devise ce mot charmant d'un grand écrivain : « La clarté orne les pensées profondes. » Joignez à ces qualités fondamentales une facilité d'élocution qui étonna le Conseil d'État, quand pour la première fois il prit la parole dans cette compagnie. Lorsqu'il développait une thèse qui lui plaisait, il savait donner à ses idées une tournure si sympathique, que ses auditeurs étaient dès l'abord disposés à lui donner raison. Quels services n'a-t-il pas rendus à la cause républicaine, si chère à son cœur, par l'expression aussi courtoise que ferme de ses convictions, et par l'intégrité inattaquable de son caractère !

Toutes ces qualités, il les avait acquises au prix d'un labeur assidu. Non content de la brillante situation que lui faisait dans le corps des ingénieurs sa sortie de l'École avec le numéro 1, et désireux de compléter ses études premières par la connaissance du droit, il vint modestement s'asseoir à côté de nous, étudiant de première année, au cours du père Bugnet; plus tard, dans les réunions de stagiaires, on le vit faire, pour de plus grands théâtres, l'apprentissage de la parole publique, avec quel bonheur et quelle bonne grâce! Ses anciens confrères de la conférence Proudhon, dispersés par l'orage de 1870, ne l'ont pas oublié.

A la suite de la guerre, abandonnant le barreau, malgré les succès qui avaient très-promptement suivi ses débuts, il entra au Conseil d'État, où ses connaissances variées et les ingénieuses ressources de son esprit lui assurèrent bientôt une grande autorité dans la section des travaux publics à laquelle il fut attaché.

Les fonctions de maître des requêtes, si laborieuses surtout au début, ne suffisaient pas encore à son activité, et ne répondaient pas complétement encore à son ardent désir d'être utile à son pays. Il voulait plus : après avoir acquis, pour son instruction personnelle, les connaissances administratives les plus étendues, il entreprit de les divulguer par l'enseignement, et offrit son concours à l'École libre des sciences politiques, qui est une sorte de pépinière pour le recrutement du Conseil d'État et des administrations publiques. Il faisait un cours des plus intéressants sur la pratique administrative en France et à l'étranger. Vivement ému de critiques dirigées contre l'administration française à la suite de nos désastres, il recherchait avec une patriotique ardeur les enseignements que nous donnent les pays étrangers, l'Angleterre surtout, dont il connaissait à merveille la littérature, les États-Unis, qu'il avait des raisons toutes particulières d'aimer et d'étudier, ayant épousé une Américaine. Il se préparait à faire un voyage dans la grande république d'outre-mer, et nous promettait à son retour une ample moisson de notes, de documents, de renseignements de toutes sortes; il en eût rapporté, peut-être, les éléments de la célébrité glorieuse qui entoure le nom des Tocqueville, des Laboulaye, mais à coup sûr de précieuses ressources pour ses collègues de la Société de législation comparée, à laquelle il était si dévoué.

Et voilà qu'en huit jours un mal affreux l'enlève à la science, à sa famille, à ses amis, et semble tourner en dérision les plus nobles et les plus honorables entreprises. Il est mort victime de son dévouement paternel, et, comme le disait M. Dufaure, « on a bien vite compris que son cœur de père a été le siége de la maladie qui l'a emporté. »

Ne serait-on pas tenté, en étant témoin de semblables malheurs, de s'abandonner au découragement et d'en prendre texte pour démontrer une fois de plus à la pauvre humanité l'inanité de ses efforts ? Assurément des coups comme celui-là peuvent étonner tous les courages, et lorsqu'on voit mener tant de deuils prématurés dans ces années douloureuses, et s'éclaircir avant l'heure les rangs de sa génération, on finit par comprendre que ce qui nous fait parfois les heures si mélancoliques, même dans le tourbillon des affaires et des plaisirs, ce sont les regrets accumulés des amis disparus.

Mais quoi ? la vie n'est-elle pas une œuvre comme une autre ? La plus longue n'est pas la meilleure. Tout est bien, si nous avons, dans la mesure de nos forces et chacun suivant ses aptitudes, servi la France.

A ce titre, Armand Demongeot a bien mérité de son pays et honoré notre province.

Ce genre de consolation ne s'adresse, bien entendu, qu'à ses amis, à ceux que j'ai vus désolés et qui même, comme le disait l'un d'entre eux, ne veulent pas être consolés.

Quant à la douleur d'un père, d'une veuve qui voit mourir en quinze jours sa fille et son mari, on ne peut que s'incliner en silence devant elle, sans avoir la témérité de balbutier de vaines et impuissantes paroles que le cœur désavouerait.

ÉMILE ROUX.

Extrait de l'*Union Bourguignonne,* de Dijon, du 2 avril 1875 :

L'École libre des sciences politiques vient de perdre un de ses professeurs les plus éminents : M. Armand Demongeot, maître des requêtes au Conseil d'État. Ce jeune homme plein d'avenir, destiné à devenir une illustration de la France, en même temps qu'il surprenait les esprits les plus remarquables du Conseil d'État par son érudition profonde et la rectitude de son jugement, était un des membres les plus actifs de la *Société de législation comparée,* dont il était l'un des secrétaires.

A vingt et un ans, il sortit le premier de l'École polytechnique, comme ingénieur des mines; pendant trois ans, il suivit les cours de l'École des mines et ceux de la Faculté de droit; reçu avocat, il débuta brillamment au barreau de Paris. En 1870, à l'âge de vingt-huit ans, il était choisi pour faire partie de la commission provisoire chargée de remplacer le Conseil d'État; lors de la réorganisation de ce conseil, il fut nommé maître des requêtes.

Ce dont on n'a pas encore parlé, dans les nombreux articles nécrologiques publiés jusqu'à présent sur lui, c'est son cours professé à l'École libre de la rue Taranne. Il traitait cette année une matière très-attrayante, une de celles qui intéressent le plus

vivement les esprits, il faisait l'exposé de l'organisation des villes et des communes dans les principaux pays civilisés (Angleterre, France, Belgique,
Italie, Allemagne, Autriche, Hongrie, Russie).

Sa leçon d'ouverture, qui vient d'être publiée par
la *Revue de législation,* sous le titre de *la Centralisation et le Self-Government,* montre toute la
clarté, la netteté et la largeur de cette intelligence
d'élite. Il savait donner aux études administratives
un intérêt que n'ont généralement pas ces matières
très-arides pour beaucoup, mais, esprit mathéma-
tique et imbu des principes, il avait des vues d'ensemble qui frappaient ses auditeurs et les captivaient,
en même temps que sa parole facile et sa diction
élégante venaient encore donner un attrait de plus
à ses leçons.

Il venait d'étudier à fond les institutions de l'Angleterre, il se proposait même de publier un travail
sur l'organisation administrative de ce pays, si peu
connu chez nous, et il faisait l'étude de l'organisation communale française, qu'il comparait avec celle
de la Belgique et de l'Italie, lorsqu'un coup affreux
vint le frapper, il perdit une petite fille de cinq ans
qu'il adorait ; le samedi il conduisait son enfant à sa
dernière demeure et le lundi à quatre heures du soir,
à la surprise de tous les élèves, qui ne pouvaient
s'attendre à une pareille énergie et à une telle abné-

gation, devant une douleur comme celle qui l'avait frappé plus que bien d'autres à cause de sa nature sensible et affectueuse, il montait en chaire et faisait un cours très-remarquable et très-applaudi comme toujours; le vendredi suivant il était mort, et le dimanche, en voyant à son enterrement les professeurs et les élèves de l'École libre, on aurait pu constater la douleur de tous ceux qui l'avaient connu, car tous l'avaient aimé et estimé...

GASTON JOLIET,
Élève de l'École libre des sciences politiques.

Traduction d'une lettre adressée au journal américain *The Chicago Tribune*, par Son Excellence M. E.-B. Washburn, ministre des États-Unis à Paris.

Paris, 11 mars.

La mort soudaine de M. Armand Demongeot, ingénieur des mines et maître des requêtes au Conseil d'État, a produit la plus profonde et la plus pénible impression dans le monde officiel et dans la colonie américaine à Paris.

M. Demongeot était né à Mâcon, en 1842, et avait fait ses premières études à Besançon, dans le département du Doubs. A l'âge de vingt ans, il fut admis à l'École polytechnique et en sortit, après deux ans, le premier de sa promotion. Il entra alors à l'École des mines et y poursuivit ses études pendant trois années. A deux reprises, il fut envoyé en mission par le gouvernement français, en Allemagne et en Espagne, pour faire des études sur les exploitations minières de ces deux pays. Il remplit ensuite les fonctions d'ingénieur et commença à étudier le droit. En 1869, il épousa, à Paris, la fille de M. Isaac-H. Burch, de Chicago, en qui l'intelligence la plus haute et la plus cultivée s'allie à tous les charmes de l'esprit et à une rare distinction personnelle.

Après la chute de Sedan, M. Demongeot fut attaché au cabinet du ministre du commerce et y travailla jusqu'à la fin du siége. Il fut ensuite nommé auditeur à la commission provisoire chargée de remplacer le Conseil d'État de l'empire. Il garda cette situation jusqu'à l'organisation du nouveau Conseil d'État où il fut nommé par M. Thiers maître des requêtes. A ces dernières fonctions, qui exigent beaucoup de travail et imposent une grande responsabilité, il joignit bientôt les devoirs de professeur à l'École libre des sciences politiques.

Dans sa courte carrière, M. Demongeot a développé les plus brillantes qualités. Doué d'une faculté de travail extraordinaire, il étudiait avec passion toutes les questions qui lui étaient confiées et il ne les abandonnait jamais avant de les avoir épuisées. Ses rapports et ses discours étaient des modèles de clarté et de précision, et ses avis avaient une autorité presque absolue. Sa nomination au poste élevé qu'il occupait comme maître des requêtes à un âge si peu avancé était la meilleure preuve de l'estime qu'avaient pour lui les plus hauts fonctionnaires de l'État. Protestant et républicain, il avait un esprit si impartial et un sens si juste qu'il n'éveilla jamais aucune susceptibilité parmi ceux dont il ne partageait pas les opinions ou les croyances.

Connaissant à fond la langue anglaise, M. Demongeot fréquentait beaucoup la société américaine à Paris où il était très-apprécié pour sa grande intelligence et la droiture de son caractère. Peu d'hommes, à l'étranger, ont plus profondément étudié les institutions et les lois de l'Amérique qui lui inspiraient une réelle admiration. Sa vie privée était ornée des vertus domestiques qui attirent le plus la sympathie; aussi sa mémoire vivra-t-elle, entourée de respect et d'affection, dans un large cercle d'amis dévoués. Ses funérailles, qui ont eu lieu dimanche dernier, ont été accompagnées par une nombreuse assistance, composée de membres du Conseil d'État, de magistrats, d'avocats, de membres de l'Assemblée nationale et de représentants des divers ministères : un grand nombre d'Américains y étaient aussi présents. Au cimetière du Père-Lachaise, des discours touchants et éloquents ont été prononcés par M. Léon Aucoc, président de la section des travaux publics au Conseil d'État, et par M. Alfred Durand-Claye, ingénieur des ponts et chaussées.

Traduction d'un article publié par le journal *The Chicago Tribune,* du 27 mars 1875 :

Les nombreux amis de M. I.-H. Burch, de cette ville, seront affligés d'apprendre le deuil dont il vient d'être frappé en perdant son gendre M. A. Demongeot, mort à Paris, de la diphthérie, après trois jours de maladie. L'aîné de ses enfants était mort de cette même terrible maladie dix jours auparavant et sa famille désolée croit que l'épuisement résultant de ses veilles prolongées au chevet de son enfant adoré et la douleur qu'il avait ressentie de sa perte l'ont privé de la force nécessaire pour combattre le mal.

En perdant M. Demongeot, la France perd un des hommes les plus distingués de la génération qui s'élève ; il avait à peine trente-trois ans. Il avait été un élève brillant de l'École des mines et avait rendu, comme ingénieur, des services importants. Il avait épousé en 1870 Mlle Minnie Burch ; ainsi s'était formé le plus charmant intérieur. Grâce à l'élégante hospitalité de ce foyer, et aux parents et amis de M. Demongeot, beaucoup d'Américains ont

eu l'occasion de connaître un côté délicieux de la
vie domestique en France, qui échappe complétement aux observateurs superficiels. Le deuil causé
par la mort de M. Demongeot sera général. Il était
l'époux et le père le plus tendre, l'ami le plus géné-
reux et le plus serviable ; la république avait en lui
un citoyen dévoué et un défenseur convaincu. Le
jour de ses funérailles, on a vu réunis, en grand
nombre, les hommes les plus distingués de la France
venus pour rendre hommage à un ami et à un ancien
camarade. Le service religieux a été conduit par
M. Coquerel.   J. B. L.

Traduction d'un article du journal *The American
Register* :

La perte que viennent de faire non-seulement la
famille de M. Armand Demongeot et ses nombreux
amis français et américains, mais encore le Conseil
d'État et le pays lui-même, ne nous permet pas
de nous borner à une simple mention comme s'il
s'agissait d'un événement ordinaire.

M. Demongeot sortit, en 1863, le premier de
l'École polytechnique et entra au service du gouvernement comme ingénieur des mines ; mais il ne tarda
pas à s'appliquer à l'étude du droit et fut reçu avocat.
Il eût sans aucun doute atteint un rang très-élevé

dans l'exercice actif de la plaidoirie et il avait été nommé par le gouvernement d'abord auditeur, puis maître des requêtes au Conseil d'État.

Dans ces positions, il donna des preuves remarquables d'habileté et d'intelligence; tous ceux qui eurent occasion de le voir à l'œuvre n'hésitèrent pas à lui prédire un brillant avenir.

Non content de remplir fidèlement les devoirs difficiles de ses importantes fonctions, il se signala comme membre actif et zélé de la Société de législation comparée; il prit une part très-active à ses travaux, pour la rédaction de comptes rendus lumineux et substantiels sur la législation des autres pays et spécialement des États-Unis, comptes rendus qui témoignaient de grandes recherches, d'un rare discernement et d'une largeur de vues peu commune.

Il avait aussi, depuis la guerre, entrepris une série de leçons pleines d'intérêt et très-instructives à l'École libre des sciences politiques.

Sa pensée était toujours claire et vigoureuse ; il parlait et écrivait avec une élégance et une facilité rares.

En possession de talents si grands et si divers, animé en outre d'une noble ambition, il était toujours modeste et éloigné de toute présomption. Sa modestie, cependant, n'était pas celle qui vient de la faiblesse ou de la timidité, mais la modestie d'une nature forte et virile, inquiète de trouver la vérité, prête à l'apprécier et à respecter les opinions d'autrui, en même temps résolue et habile dans la défense de ses propres convictions.

Il remplissait ses devoirs de fils, de mari, de père, d'ami, non par pure obéissance à un commandement supérieur, mais avec l'élan spontané d'un cœur chaud et loyal.

On peut dire, humainement parlant, que sa mort a été hâtée, sinon causée par le dévouement avec lequel il s'était sacrifié à son enfant bien-aimé, mort de la même maladie dix jours avant son père et qu'il avait veillé durant sa maladie avec une sollicitude tendre et désolée.

Sa femme lui survit, avec deux enfants. Elle mérite et recevra certainement, dans ce double deuil où elle est plongée, les témoignages de la plus cordiale sympathie de nombreux amis.

Mais la perte d'un homme doué de qualités si remarquables d'intelligence et de cœur, qui avait atteint une position si honorable, à un âge où on n'y parvient guère d'habitude, qui remplissait ses devoirs avec tant d'habileté, de zèle et de fidélité ; qui, oubliant le passé, travaillait sans relâche à se rendre capable de rendre de plus grands services dans l'avenir, et qui, aimant sa patrie (nous pouvons dire parce qu'il l'aimait), étudiait avec un esprit actif et libéral les institutions et les progrès des autres nations, la perte d'un tel homme, enlevé soudainement à l'âge de trente-trois ans, est, sans contredit, une grande et sérieuse perte pour tous ceux qui tiraient profit de ses travaux et de son exemple.

La France a besoin plus que jamais de tels hommes et ne peut se résigner à les perdre; quelle nation d'ailleurs le pourrait?

En présence d'une semblable perte, nous ne pouvons que baisser la tête avec respect, admirer les voies insondables de la Providence et demander la soumission et la résignation, pendant que nous fermons la tombe sur celui qui a noblement accompli la tâche qui lui avait été dévolue et qui, trop tôt pour nous, mais non trop tôt pour lui-même, est entré dans le repos, le repos de la paix et de la joie, qui ne doit jamais finir.

GEORGE MERRILL.

PARIS. — IMPRIMERIE DE J. CLAYÉ

RUE SAINT-BENOIT